Anselm Grün

Die Liebe Gottes

Viele beklagen sich, dass sie Gottes Liebe nicht spüren. Die Liebe eines Menschen kann ich viel leichter spüren. Wenn ich jemanden umarme, spüre ich seine Liebe. Doch Gottes Liebe möchte uns auch umarmen.

Gott umarmt uns durch seine Schöpfung. Wenn ich mich in den Wind stelle, kann ich spüren, wie Gottes Liebe mich zärtlich

streichelt. Wenn ich mich von der Sonne bescheinen lasse, stelle ich mir vor, dass Gottes wärmende Liebe in mich eindringt und alles in mir annimmt.

Ein anderer Weg ist der Atem. Im Atem strömt Gottes Liebe in mich ein. Ich kann mich mit dem Atem gleichsam streicheln und mir vorstellen, dass im Atem Gottes Liebe alle Bereiche meines Leibes durchdringt.

Der Herr wacht über den Atem des Menschen, er durchforscht alle Kammern des Leibes.

Spr 20,27

Liebe drückt sich in Worten aus. Wenn ein Mensch mich liebt, sagt er mir liebe Worte. Gott spricht zu mir in der Bibel. Und da sind viele Liebesworte. Ich muss sie nur in mein Herz eindringen lassen.

Ich kann mir z. B. das Wort aus Jer 31,3 vorsagen, und es immer tiefer ins Herz fallen lassen: „Mit ewiger Liebe habe ich dich geliebt, darum habe ich dir so lange die Treue bewahrt." In diesem Wort kann ich Gottes Liebe spüren. Ich muss mich immer wieder der Liebe Gottes vergewissern.

Im Anfang war das Wort, und das Wort war bei Gott, und das Wort war Gott. Im Wort war das Leben und das Leben war das Licht der Menschen. Und das Licht leuchtet in der Finsternis und die Finsternis hat es nicht erfasst.

Joh 1,1.4–5

Bibliografische Information der Deutschen Nationalbibliothek
Die Deutsche Nationalbibliothek verzeichnet diese Publikation in der Deutschen Nationalbibliografie; detaillierte bibliografische Daten sind im Internet über http://dnb.d-nb.de abrufbar.

Dieses Heft gehört zum Adventskalender:
Zeit der Hoffnung
24 Bücher im Advent 2013
Anselm Grün, Odilo Lechner, Katharina Schridde, Reinhard Körner
ISBN 978-3-7462-3796-1

Besuchen Sie uns im Internet:
www.st-benno.de

Umschlag und Gestaltung: Ulrike Vetter, Leipzig
Gesamtherstellung: Arnold & Domnick, Leipzig (A)

benno

Anselm Grün

Meine Seele hofft

2

2

Die Hoffnung ist eine wichtige christliche Tugend. Dante hat über die Hölle das Wort geschrieben: „Lasse alle Hoffnung fahren!“ Ein Ort ohne Hoffnung ist die Hölle. Die Hoffnung macht uns innerlich lebendig. Sie eröffnet uns die Zukunft und lässt uns vertrauensvoll in die Zukunft schreiten.

2

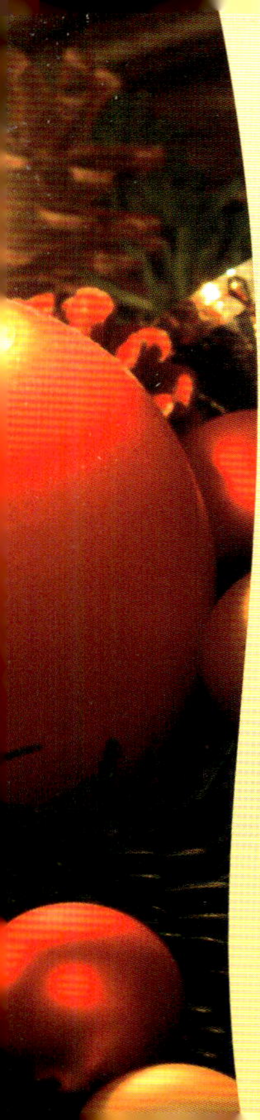

Die Hoffnung ist auch wichtig für das Miteinander. Hoffen – so sagt der französische Philosoph Gabriel Marcel – ist immer Hoffen für dich und Hoffen auf dich. Wenn ich für einen Menschen hoffe, dann gebe ich ihn nicht auf, auch wenn es ihm momentan nicht gut geht, oder wenn er momentan ganz verkehrte Wege geht. Die Hoffnung hat eine verwandelnde Kraft.

Die christliche Tugendlehre sieht die Hoffnung zusammen mit dem Glauben und der Liebe. Die Hoffnung macht unsere Seele weit. Und sie gibt uns den Mut, nie aufzugeben, weder uns selbst

noch einen anderen aufzugeben, sondern durch alle Turbulenzen des Lebens im Vertrauen weiterzugehen, weil Gott selbst mit uns ist und Christus mit uns im Boot sitzt.

Ich hoffe auf den Herrn, es hofft meine Seele,
ich warte voll Vertrauen auf sein Wort.

Ps 130,5

Die Liebe ist stärker als der Tod. Das ist der eigentliche Grund unserer Hoffnung. Paulus spricht von der Hoffnung im Römerbrief. Wir hoffen auf das, was wir nicht sehen:

Hoffen wir aber auf das, was wir nicht sehen, dann harren wir aus in Geduld.

Röm 8,25

2

Ich hoffe auf das, was in
mir unsichtbar ist, auf die
heilenden Kräfte in
meiner Seele, die ich oft
nicht sehe, auf die Liebe,
die in mir ist und gerade
erloschen zu sein scheint.
Und ich hoffe auf den
guten Kern im andern,
den ich gerade nicht sehe,
weil er sich so aggressiv
verhält. Die Hoffnung will
letztlich das Heil, das
unsichtbar ist in uns,
sichtbar werden lassen.

Die Hoffnung will all das, was Gott in uns hineingelegt hat, zum Vorschein kommen lassen. Aber dazu braucht es Geduld, damit das Unsichtbare in uns langsam sichtbar wird.

Bibliografische Information der Deutschen Nationalbibliothek
Die Deutsche Nationalbibliothek verzeichnet diese Publikation in der Deutschen Nationalbibliografie; detaillierte bibliografische Daten sind im Internet über http://dnb.d-nb.de abrufbar.

Dieses Heft gehört zum Adventskalender:
Zeit der Hoffnung
24 Bücher im Advent 2013
Anselm Grün, Odilo Lechner, Katharina Schridde, Reinhard Körner
ISBN 978-3-7462-3796-1

Besuchen Sie uns im Internet:
www.st-benno.de

Umschlag und Gestaltung: Ulrike Vetter, Leipzig
Gesamtherstellung: Arnold & Domnick, Leipzig (A)

benno

Anselm Grün

Heilung und Befreiung

3

Gott bietet jedem Menschen die Erlösung an. Gott war schon immer der erlösende und befreiende Gott. Das Alte Testament spricht davon, dass Gott uns aus der Not erlöst und dass er uns von den Fesseln des Todes befreit. Auch in anderen

Religionen ist Gott immer der erlösende Gott, der den Menschen aus seiner Verstrickung in die Welt erlöst. In Jesus Christus kommt Gottes erlösendes Wirken zum Gipfelpunkt.

3

Für uns Christen ist die Taufe der Weg, in die Gemeinschaft mit Christus aufgenommen zu werden. In der Taufe werden wir der Herrschaft der Welt entrissen und in das Reich Christi aufgenommen, in dem wir Heil und Heilung erfahren dürfen.

Wenn wir die Gebote Gottes einhalten, dann erfahren wir, dass sie uns zum Leben führen. Die Gebote Gottes sind ein Weg in die innere Freiheit und in den

inneren Frieden. Die Sakramente zu empfangen, ist Ausdruck unseres christlichen Glaubens. Und in den Sakramenten erfahren wir immer aufs Neue die Liebe, mit der uns Christus bis zur Vollendung geliebt hat.

3

Die Kirchenväter sagen uns, dass uns Christus selbst in den Sakramenten berührt.

3

Aber zugleich dürfen
wir darauf vertrauen,
dass Gottes erlösendes
Tun weiter ist als die
Sakramente der Kirche.
Gottes Erlösung umgreift
alle Menschen. Aber auch
da kommt es darauf an,
dass sich die Menschen
diesem erlösenden,
heilenden und
befreienden Wirken
Gottes öffnen.

Christus tut an uns heute, was er damals an den Menschen getan hat. Er schenkt uns Heilung, Stärkung, Vergebung, göttliches Leben.

Wir sollen also dankbar sein für das Geheimnis der Gebote und der Sakramente. In ihnen hat uns Gott einen hilfreichen Weg geschenkt, ein erfülltes Leben zu leben, ein Leben, das von seiner Gnade und seinem göttlichen Geist durchdrungen ist.

Bibliografische Information der Deutschen Nationalbibliothek
Die Deutsche Nationalbibliothek verzeichnet diese Publikation in der Deutschen Nationalbibliografie; detaillierte bibliografische Daten sind im Internet über http://dnb.d-nb.de abrufbar.

Dieses Heft gehört zum Adventskalender:
Zeit der Hoffnung
24 Bücher im Advent 2013
Anselm Grün, Odilo Lechner, Katharina Schridde, Reinhard Körner
ISBN 978-3-7462-3796-1

Besuchen Sie uns im Internet:
www.st-benno.de

Umschlag und Gestaltung: Ulrike Vetter, Leipzig
Gesamtherstellung: Arnold & Domnick, Leipzig (A)

benno

Anselm Grün

Den Geist Gottes leben

4

Jesu Gebot, den Nächsten zu lieben wie sich selbst, fordert uns zur Selbstannahme auf. Wir können den andern nur annehmen, wenn wir uns selbst annehmen.

Ein Wort ist das Gleichnis Jesu vom Turm, den wir bauen sollen. Wir sollen unseren Lebensturm mit den Mitteln

bauen, die uns zur Verfügung stehen, mit den Steinen unserer Lebensgeschichte.

Wenn einer von euch einen
Turm bauen will, setzt er
sich dann nicht zuerst hin
und rechnet, ob seine
Mittel für das ganze
Vorhaben ausreichen?
Sonst könnte es
geschehen, dass er das
Fundament gelegt hat,
dann aber den Bau nicht
fertig stellen kann. Und
alle, die es sehen, würden
ihn verspotten und sagen:
Der da hat einen Bau
begonnen und konnte ihn
nicht zu Ende führen.

Lk 14,28–30

Wenn wir den Turm zu klein bauen, verfehlen wir unser Leben. Und wenn wir ihn zu groß anfangen, werden wir ihn nicht vollenden können. Wir sollen unser Maß finden.

4

Das Wort Jesu von der Selbstverleugnung meint, dass wir frei werden von unserem Ego. Das Ego will alles für sich benutzen. Es kreist immer nur um sich. Wir sollten vom Ego zum wahren Selbst gelangen. Das Selbst ist unsere Personenmitte. In ihm ist unser wahres Wesen. Das Selbst sollen wir nicht verleugnen. Wir sollten vielmehr dem Ego Widerstand leisten, uns befreien von der versklavenden Macht des Ego.

4

Selbstverleugnung
darf nicht zur
Selbstentwertung
oder Selbstverbiegung
werden. Jesus meint
damit vielmehr einen
Weg, frei zu werden
von der Macht des Ego,
durchlässig zu werden
für den Geist Gottes.
Wenn einer sich selbst
nur in den Mittelpunkt
stellt, wirkt er auf
seine Umgebung
unangenehm.

Wer durchlässig ist für den Geist Gottes, der wird auch leichter eine gute Beziehung zu den Menschen finden. Es tut ihm selbst gut. Der Egoist schadet sich letztlich selbst. Er verkümmert menschlich.

Bibliografische Information der Deutschen Nationalbibliothek
Die Deutsche Nationalbibliothek verzeichnet diese Publikation in der Deutschen Nationalbibliografie; detaillierte bibliografische Daten sind im Internet über http://dnb.d-nb.de abrufbar.

Dieses Heft gehört zum Adventskalender:
Zeit der Hoffnung
24 Bücher im Advent 2013
Anselm Grün, Odilo Lechner, Katharina Schridde, Reinhard Körner
ISBN 978-3-7462-3796-1

Besuchen Sie uns im Internet:
www.st-benno.de

Umschlag und Gestaltung: Ulrike Vetter, Leipzig
Gesamtherstellung: Arnold & Domnick, Leipzig (A)

benno

Sr. Katharina Schridde

Erfüllung finden

16

Siehe, ich bin des Herrn Magd; mir geschehe, wie du gesagt hast. So einfach, so schlicht diese Einwilligung Marias ist, Gott braucht sie. Er handelt nicht an ihrem Willen vorbei, wartet und hofft darauf, dass dieser weltverändernde Weg mit den Menschen, wenigstens mit einem Menschen gemeinsam geschehen kann, nicht gegen sie.

16

16

Damit hat ER,
der Schöpfer der
Welt, sich in
dichtester Weise
an den Willen
der Menschen
gebunden. Hier
schon beginnt das,
was dann später
seine Erfüllung
finden wird: Die
„Entäußerung
Gottes“, die
gänzliche Hingabe
Gottes an die
Menschen, dass die
Menschen, wir alle,
nie mehr getrennt
und ohne ihn sein
müssen.

Meine Seele preist die Größe des Herrn, und mein Geist jubelt über Gott, meinen Retter. Denn auf die Niedrigkeit seiner Magd hat er geschaut.

Lk 1,46–48

Das Heil gibt es ohne Maria in dieser Welt. Diesen Heiland, dieses konkrete Heil in der Gestalt des Sohnes Gottes in Jesus Christus – gibt es in dieser Welt nicht ohne Maria.

16

16

Selig ist die, die geglaubt hat,
dass sich erfüllt, was der
Herr ihr sagen ließ.

Lk 1,45

16

Ohne diesen Besuch des Engels an Maria und ohne ihr Ja zu diesem nie da gewesenen Ansinnen Gottes wüssten wir bis heute nicht, dass es möglich ist. Dass es sehr wohl möglich ist, dass Gott einen Menschen so ruft, so in den Dienst nimmt (und an diesem Wort ist nichts, dessen wir uns schämen müssten, im Gegenteil – auch das Dienen wäre wieder zu üben, weil das Tun der Könige ist!), sich in einem Menschen so offenbart, dass ER Fleisch wird in und durch sein Fleisch. Lebendiges Wesen in dieser Welt.

Es ist für möglich zu halten: Dass ein Engel uns berührt und uns einen Gotteswunsch zuspricht, den wir nie geahnt hätten. Es ist für möglich zu halten, dass er uns meint, wenn sich ein

Wort in uns formt als Gedanke,
der Leib und Wirklichkeit
werden will in dieser Welt.
Was an und mit Maria geschah, ist
einmalig und unwiederholbar. Gottes
Sohn wurde ein einziges Mal geboren
aus dieser jüdischen Frau.

16

Aber dass ER, der Ewige, uns rufen, berühren, locken und hineinlieben kann in ein anderes Leben, als wir es je dachten, das sollten wir für möglich halten. Zu lernen, wirklich buchstabieren zu lernen, ist dann das „fiat“: Mir geschehe, wie du gesagt hast.

Bibliografische Information der Deutschen Nationalbibliothek
Die Deutsche Nationalbibliothek verzeichnet diese
Publikation in der Deutschen Nationalbibliografie;
detaillierte bibliografische Daten sind im Internet über
http://dnb.d-nb.de abrufbar.

Dieses Heft gehört zum Adventskalender:
Zeit der Hoffnung
24 Bücher im Advent 2013
Anselm Grün, Odilo Lechner, Katharina Schridde, Reinhard Körner
ISBN 978-3-7462-3796-1

Besuchen Sie uns im Internet:
www.st-benno.de

Umschlag und Gestaltung: Ulrike Vetter, Leipzig
Gesamtherstellung: Arnold & Domnick, Leipzig (A)

benno

Sr. Katharina Schridde

Hoffnung in der Finsternis

17

Woran merken wir, dass etwas Neues entstehen will? Oder anders gefragt: Wann spüren wir, dass Neues werden will, dass sich Veränderung und Wandlung in unserem eigenen Leben ankündigen?

Das, was da so gesprochen und geschrieben frühlingshaft und heiter klingt, sieht in der erlebten Wirklichkeit oft ganz anders aus. Nicht heiter, hell und leicht, sondern dunkel, beengt und immer enger werdend, als wäre nur noch Nacht und alles Licht verschwunden von der Erde und aus dem eigenen Herzen.
Aber Wandlung, Verwandlung, Geburt beginnt am Abend, in der Nacht, gerade dort, wo es finsterer nicht mehr sein kann, und das bisher Gekannte, Gewusste und Gültige sein Ende findet.

17

Der neue Tag also beginnt mit dem Abend, nicht in der Mitte der Nacht, schon gar nicht mit dem Aufgang der Sonne, sondern wenn es dunkel wird. Wenn die Konturen verschwimmen, die bekannten Gesichter und Gestalten ihre festen Umrisse verlieren, wenn sozusagen in der „inneren Nacht" das eigene

Lebenskonzept sich auflöst und an den Grenzen unscharf wird, wenn das Leben seinen gewohnten und erprobten Halt zu verlieren droht, dann beginnt die Zeit der Verunsicherung, der Krise zuweilen, sicher aber der Erwartung und der Hoffnung ...

17

17

Abendzeit. Suche nach Schutz und Geborgenheit, Hoffnung und nichts als Hoffnung, dass es doch einmal Tag werden möge in dieser Welt und im eigenen Herzen.

Der gelebte Tag vergeht, gelebtes Leben fällt zurück in den Ursprung allen Lebens, der nächste Schritt, die neue Geburt längst nicht sichtbar. Und je länger die dunklen Stunden, desto dringender der Schrei nach Licht, Leben, nach Erlösung aus dieser Enge.
Komm! Komm doch. Komm doch, du Licht des Lebens, komm doch wieder, du verlorene Hoffnung, komm, du Antwort auf alle Fragen, die mich in der dichter werdenden Dunkelheit bedrängen, komm doch, du Gott, den ich vielleicht nur vom Hörensagen kenne, der aber der Letzte ist, der noch Rettung bringen kann.

17

Die biblischen Texte, die in dieser Zeit in den Kirchen gelesen werden, sind alles andere als lieblich. Es sind überwiegend harte, kantige, fordernde

Worte, gesprochen von Propheten und Prophetinnen, die im Auftrag Gottes die Menschen zur Umkehr und zur Versöhnung rufen.

17

Der Tenor dieser Texte lautet: Wenn ihr euch so sehr sehnt nach eurem Gott, dann brecht doch auf, brecht doch eure harten Denkmuster und starren Gewohnheiten auf ...
Komm doch heraus, du Mensch!

Bibliografische Information der Deutschen Nationalbibliothek
Die Deutsche Nationalbibliothek verzeichnet diese Publikation in der Deutschen Nationalbibliografie; detaillierte bibliografische Daten sind im Internet über http://dnb.d-nb.de abrufbar.

Dieses Heft gehört zum Adventskalender:
Zeit der Hoffnung
24 Bücher im Advent 2013
Anselm Grün, Odilo Lechner, Katharina Schridde, Reinhard Körner
ISBN 978-3-7462-3796-1

Besuchen Sie uns im Internet:
www.st-benno.de

Umschlag und Gestaltung: Ulrike Vetter, Leipzig
Gesamtherstellung: Arnold & Domnick, Leipzig (A)

benno

Sr. Katharina Schridde

Die Verkündigung an Maria

18

18

Advent also. Gott kündet seine Ankunft als Mensch in dieser Welt an in einer Weise, die wir nicht erwartet hätten. Wir wissen aus den Erzählungen des Alten Testaments, dass Gott sich den Mund eines Menschen zu eigen macht, Propheten aussondert und manchmal über die Grenze des Erträglichen hinaus fordert, gegen alle Widerstände Gottes Wort zu verkünden.

Aber dass er sich einer jungen Frau fast vorsichtig und fragend nähert, dass er, den alle als König, Heros und Befreier in durchaus realpolitischem Sinn bezeichnen und von dem sie Heldentaten und starke Führung erwarten, sich als ungeborenes Kind in den Leib einer armen Frau

18

buchstäblich hineinspricht – das ist so unfassbar, so erschütternd und so jeden Verstand und alle Sinne sprengend, dass es nicht anders als wahr sein kann.

Er, der Ewige und Schöpfer des Himmels und der Erde, kündet seine Ankunft in einer ganz konkreten Zeit, an einem ganz konkreten Ort, in einem ganz konkreten

Menschen an. Jetzt in Nazaret, in dieser Frau mit dem klingenden Namen. Jetzt als der, der mitten am Abend und in der beginnenden Nacht den Grund legt für ein neues Leben.

18

18

... genau jetzt beginnt er, tief innen zu wirken und zu formen und Neues zu schaffen, auch wenn wir es lange noch nicht ahnen.

Aber wir sind nicht verloren, denn Gott schickt ja seinen Engel als sein Wort und als Begegnung, dass unsere Seele und unser Geist berührt werden und uns wirklich hinhören, aufhorchen, aufmerken lässt. „Welch ein Gruß ist das?“, fragt Maria, als sie mit ganzem Herzen und ganzer Seele von dieser göttlichen Anmutung berührt wird. Das ist alles. Das allein reicht, dass Beziehung entsteht und das Gespräch erwacht zwischen dem Boten und ihr.

18

18

Wenigstens das sollten wir uns erlauben und nie verbieten lassen, auch und gerade nicht in tiefer Dunkelheit: nachzufragen, noch genauer und aufmerksamer auf dieses Wort zu lauschen, das uns heute meinen könnte und sich als neue Gestalt in unserem Leben einwohnen will.

Maria erhält Antwort. Vielleicht versteht sie sie nicht, aber sie erwirkt einen Frieden in ihr – das ist wichtig. In diesem Frieden können ein Vertrauen und ein Sich-Trauen wachsen, das es mir erlaubt, zu spüren und zu ahnen, was denn werden will in mir und aus mir durch und in dieser Gottesbegegnung.

Ich lerne zu vertrauen, dass sein Wort, dieses geschriebene, gelesene und sich heute und hier ereignende Wort, als gestaltende Kraft in mein eigenes Leben hineinspricht und hineinformt, also lebendig wird. Was für ein kühner Sprung in die Wirklichkeit Gottes – was für eine Hingabe dieses Gottes an uns.

Bibliografische Information der Deutschen Nationalbibliothek
Die Deutsche Nationalbibliothek verzeichnet diese Publikation in der Deutschen Nationalbibliografie; detaillierte bibliografische Daten sind im Internet über http://dnb.d-nb.de abrufbar.

Dieses Heft gehört zum Adventskalender:
Zeit der Hoffnung
24 Bücher im Advent 2013
Anselm Grün, Odilo Lechner, Katharina Schridde, Reinhard Körner
ISBN 978-3-7462-3796-1

Besuchen Sie uns im Internet:
www.st-benno.de

Umschlag und Gestaltung: Ulrike Vetter, Leipzig
Gesamtherstellung: Arnold & Domnick, Leipzig (A)

benno

Reinhard Körner

Begegnung mit dem Kind

19

Das Jahr geht ins Land, bald ist wieder Weihnachten. Das Geburtstagsfest Jesu. Sein Weihnachten, nicht nur unser Weihnachten. Und er wird anwesend sein bei seinem Fest. So, wie er immer anwesend ist, an jedem Tag des Jahres.

19

Sein Gott, der *Abba-Jahwe*, hat ihn an jenem Freitag vor dem Pessachfest im Jahre 30 nicht im Totsein gelassen – ein solcher Gott nicht! Er hat ihn aufgeweckt, in seine göttliche Daseinsweise hinein; mit ihm ist er der Urgrund, der stets „mitgehende Anfang“, aus dem eine jede Sekunde unseres menschlichen Daseins entspringt.

Meine Eltern hatten sich mit uns Kindern am Heiligen Abend, nachdem das Vieh im Stall gefüttert und die Sonntagskleidung angezogen war, immer zuerst an die Krippe gestellt. Für das Christkind, hatten sie betont, singen wir die Weihnachtslieder, und sie hatten uns Worte mit ins Leben gegeben wie: „Denkt dran, Weihnachten geht's nicht bloß um die Geschenke!", oder: „In die Christnacht gehen wir nicht der Leute wegen."

19

19

Die Nacht ist vorgedrungen,
der Tag ist nicht mehr fern.
So sei nun Lob gesungen
dem hellen Morgenstern.

So werde ich am Heiligen Abend wieder die stille Zwiesprache mit ihm suchen und ihm zu seinem Geburtstag gratulieren. Denn Weihnachten, so ist mir damals im ersten Klosterjahr klar geworden, habe ich nur dann richtig mitgefeiert, wenn es eine wenigstens kurze, aber doch persönliche, vertraute Begegnung mit dem „Geburtstagskind“ gegeben hat und es in dieser Unterredung mit ihm um nichts anderes zunächst als um die Gratulation gegangen ist.

19

Eine Weihnachtsansprache, auch das wurde mir damals klar, wird nur dann aktuell sein – und nur dann auch politisch –, wenn sie mystagogisch ist: wenn sie zu einer innerlichen Beziehung zu Jesus hinführt und dazu anleitet, ein

persönliches „du, Jesus ...“ zu sagen; sie wird nur anrührend sein – und weder verkopft noch sentimental –, wenn da einer von seinem göttlichen Freund erzählt, dem auch er soeben gratulierte ...

19

Dann haben auch die schönen alten Weihnachtslieder in der Christnachtsfeier einen anderen Klang, und der Weihrauch umduftet nicht nur die Nasen der Mitfeiernden, sondern nimmt ihre Herzen mit „nach oben“ ...

Bibliografische Information der Deutschen Nationalbibliothek
Die Deutsche Nationalbibliothek verzeichnet diese Publikation in der Deutschen Nationalbibliografie; detaillierte bibliografische Daten sind im Internet über http://dnb.d-nb.de abrufbar.

Dieses Heft gehört zum Adventskalender:
Zeit der Hoffnung
24 Bücher im Advent 2013
Anselm Grün, Odilo Lechner, Katharina Schridde, Reinhard Körner
ISBN 978-3-7462-3796-1

Besuchen Sie uns im Internet:
www.st-benno.de

Umschlag und Gestaltung: Ulrike Vetter, Leipzig
Gesamtherstellung: Arnold & Domnick, Leipzig (A)

benno

Reinhard Körner

Wer bist du, Jesus?

20

Gratulieren heißt, „einen Glückwunsch aussprechen“, „jemanden beglückwünschen“. Ja, ich werde dir Glück wünschen, Jesus, dir und deinem Gott. Und dann will ich dir wünschen, was Freunde einander wohl immer zum Geburtstag wünschen: dass *deine* Wünsche in Erfüllung gehen.

Deinen tiefsten Herzenswunsch – für den *Abba-Jahwe* und zugleich auch für uns – hast du ebenfalls im VATERUNSER ausgesprochen: dass „das Reich Gottes komme“ und, wie die Christen um Matthäus wiederum verdeutlichend hinzufügten, sein „Wille geschehe ... auch auf Erden“ (Mt 6,10).

20

20

Dein Gottesreich geschieht immer dann schon auf Erden, wenn wir gleichziehen mit dir: Wenn wir deinem Gott die absolute, vorleistungsfreie Liebe glauben, mit der wir geliebt sind von ihm, und wir unser Denken und Handeln aus dieser Kraftquelle speisen. Dass dieser Herzenswunsch sich erfüllt, das wünsche ich dir. Und mit dir deinem *Abba-Jahwe* und seiner Welt.

20

... dein Reich komme, dein Wille geschehe
wie im Himmel, so auf der Erde.

Mt 6,10

Die Weihnachtserzählungen, die ja vor allem den Anfangskapiteln des Matthäus- und des Lukasevangeliums entnommen sind, entfalten bildhaft-literarisch, was das Markusevangelium in einer einzigen Zeile zum Ausdruck bringt: „Anfang des Evangeliums von Jesus, dem Christus (Messias), dem Sohn Gottes" (Mk 1,1).

Wie ein Vorwort, das in den Inhalt eines Werkes einführt, oder wie eine Ouvertüre, die den Grundcharakter eines Musikstücks vorstellt, wollen die ersten Kapitel dieser beiden Evangelien neugierig machen auf den, von dem dann ausführlich im Hauptteil die Rede ist.

20

Weihnachten ist ein „Vorwort“, eine „Ouvertüre“: ein Anstoß und ein Anlass, dass wir uns von nun an – oder wieder bewusster – mit dem beschäftigen, der da Geburtstag hat, uns interessieren für seine Person, für sein Leben, für sein Schicksal, für seine Botschaft und für sein Vermächtnis. Das Weihnachtsfest will die Frage wachrufen: Wer bist du, Jesus, wer bist du eigentlich? Du, nicht nur die biblische Gestalt des fernen Damals, sondern zugleich der Auferstandene, der Jesus Christus heute ...

INRI
20

Was für ein Herz verbirgt sich hinter deinem Namen? Wie denkst du, wie fühlst du, wie bist du eingestellt? Und: Wie siehst du Gott? Wie siehst du uns Menschen? Ja: Was wolltest du eigentlich, als du dich darauf eingelassen hast, Mensch zu sein? – Diesen Fragen gilt es dann nachzugehen, das ganze, nach dem Fest bald anbrechende, neue Jahr hindurch ...

Bibliografische Information der Deutschen Nationalbibliothek
Die Deutsche Nationalbibliothek verzeichnet diese Publikation in der Deutschen Nationalbibliografie; detaillierte bibliografische Daten sind im Internet über http://dnb.d-nb.de abrufbar.

Dieses Heft gehört zum Adventskalender:
Zeit der Hoffnung
24 Bücher im Advent 2013
Anselm Grün, Odilo Lechner, Katharina Schridde, Reinhard Körner
ISBN 978-3-7462-3796-1

Besuchen Sie uns im Internet:
www.st-benno.de

Umschlag und Gestaltung: Ulrike Vetter, Leipzig
Gesamtherstellung: Arnold & Domnick, Leipzig (A)

benno

Odilo Lechner

Freude auf Befehl?

10

„Freut euch im Herrn zu jeder Zeit! Noch einmal sage ich: freut euch!“ (Phil 4,4). Aber kann man sich auf Befehl freuen, wenn es doch soviel Betrübliches und Entsetzliches im eigenen Leben und in der Welt gibt?

Die wahre Freude verschließt freilich nicht die Augen vor dem Elend und der Gefährdung. Sie setzt vielmehr die Traurigkeit über den Zustand der Welt und des Menschen voraus. Darum rufen alle Propheten bis zu Johannes dem Täufer zur Umkehr auf, zur Erkenntnis der Verkehrtheit unserer Wege. „Du gleichgültiges Volk, sammelt euch ... sucht Gerechtigkeit, sucht Demut“ (Zef 2,1.3).

10

10

Gerade wenn wir erkennen, wie sehr unsere Welt im Argen liegt, schaffen wir den Raum, in dem Gottes alles verwandelnde Liebe uns mit Freude erfüllen kann.

Wir haben oft keine Freude,
weil wir uns selber zu
wichtig nehmen.

10

Wir haben so oft
keine Freude,
weil wir nicht
aufmerksam sind,
weil wir so oft das
Gute und Schöne in
uns und in der Welt
übersehen. Es zeigt
sich uns im ganz
Kleinen und meist
nicht in den großen
Ereignissen und
Veränderungen.

Im Advent können wir aufmerksam werden auf das Kleine, in dem sich das ganz Große verbirgt. Gott hat sich ganz klein gemacht. Er will erfahren werden in der armseligen Krippe, im Alltagsleben eines Handwerkers in Nazaret, in den

unscheinbaren und mühseligen Wegen, die der Gottesssohn in einem von den Mächtigen der Erde (und heute etwa von den Medien) kaum beachteten Winkel der Erde beschreitet.

Der Blick auf die Krippe lehrt uns, dass das ganz Große im ganz Kleinen zu uns kommt, dass Gott sich klein macht und dadurch den Menschen groß.

Bibliografische Information der Deutschen Nationalbibliothek
Die Deutsche Nationalbibliothek verzeichnet diese Publikation in der Deutschen Nationalbibliografie; detaillierte bibliografische Daten sind im Internet über http://dnb.d-nb.de abrufbar.

Dieses Heft gehört zum Adventskalender:
Zeit der Hoffnung
24 Bücher im Advent 2013
Anselm Grün, Odilo Lechner, Katharina Schridde, Reinhard Körner
ISBN 978-3-7462-3796-1

Besuchen Sie uns im Internet:
www.st-benno.de

Umschlag und Gestaltung: Ulrike Vetter, Leipzig
Gesamtherstellung: Arnold & Domnick, Leipzig (A)

benno

Odilo Lechner

Wider die Bitterkeit

11

Drei Tage waren sie in der Wüste unterwegs und fanden kein Wasser. Als sie nach Mara kamen, konnten sie das Wasser nicht trinken, weil es bitter war. Deshalb nannte man es Mara (Bitterbrunn). Da murrte das Volk gegen Mose und sagte: Was sollen wir trinken? Er schrie zum Herrn und der Herr zeigte ihm ein Stück Holz. Als er es ins Wasser warf, wurde das Wasser süß.

Ex 15,22–25

Die Geschichte des Volkes Israel ist immer wieder eine Geschichte des Murrens und der Verbitterung. Das Volk, das sich verlocken ließ, in ein neues Land aufzubrechen, findet in der Wüste Mühsal und Plage, Hunger und Durst. Die Erinnerung an die Fleischtöpfe Ägyptens erbittert gegen Mose und seinen Gott. Aber aus Enttäuschung und Verbitterung führt kein Weg in die Zukunft.

11

Das gilt nicht nur für Israel, sondern für die ganze Menschheit. Immer wieder begegnet uns die Sehnsucht nach einer besseren Welt, nach mehr Gerechtigkeit, nach einem friedlichen und frohen Miteinander der Menschen.

Im Advent wird die Erwartung aller
Völker und Kulturen artikuliert.

Aber das bittere Wasser von Mara ist nicht das letzte Wort. Mose lässt sich vom Herrn ein Stück Holz zeigen, wirft es ins Wasser und es wird süß. Für den Glaubenden kann das Bittere süß werden, die unwegsame Strecke begehbar.

Gott gibt ein Zeichen: das Holz, den Baum des Lebens, auf den auch der Christbaum hinweist. Das Kreuz des bitteren Leidens Jesu verwandelt das Todesgrauen in neues Leben.

11

Bei allen Enttäuschungen und bitteren Erfahrungen erfahren wir als Glaubende, dass der Herr bei uns ist und alles Bittere in uns überwindet. Alfred Delp schrieb in seinen Gefängnisaufzeichnungen vor seiner Hinrichtung am 2.2.1945 von solch einer süßen Erquickung, dass sie „sich wirklich wie Temperatur im Raum verbreitet und das Klima plötzlich voller Menschenfreundlichkeit ist“.

Advent ist die Bereitschaft, in
allem Bitteren offen zu werden
für den weihnachtlichen
süßen Jubelruf: In dulci Jubilo –
nun singet und seid froh.

Bibliografische Information der Deutschen Nationalbibliothek
Die Deutsche Nationalbibliothek verzeichnet diese
Publikation in der Deutschen Nationalbibliografie;
detaillierte bibliografische Daten sind im Internet über
http://dnb.d-nb.de abrufbar.

Dieses Heft gehört zum Adventskalender:
Zeit der Hoffnung
24 Bücher im Advent 2013
Anselm Grün, Odilo Lechner, Katharina Schridde, Reinhard Körner
ISBN 978-3-7462-3796-1

Besuchen Sie uns im Internet:
www.st-benno.de

Umschlag und Gestaltung: Ulrike Vetter, Leipzig
Gesamtherstellung: Arnold & Domnick, Leipzig (A)

benno

Odilo Lechner

Gegen die Unrast

12

Vielleicht hatten wir uns vorgenommen, die Advents- und Weihnachtszeit sollte schlichter und stiller werden. Die große Geschäftigkeit sollte zurücktreten. Aber unsere Vorsätze nützen oft nicht viel. Unser Programm ist doch wieder viel zu groß: Bis zum Heiligen Abend ist noch allzu viel zu tun. Aber lassen wir einmal beiseite, was wir hätten anders einteilen sollen. Wir können auch jetzt noch unsere Einstellung ändern.

Auch Maria und Josef waren in Sorge und Gedränge – auf dem Weg nach Bethlehem, in der Sorge um eine Bleibe, in der Unruhe der Reise und dann der Flucht. Doch macht

der Bericht des Evangeliums den Eindruck, als handele Maria in aller Unruhe doch aus einer großen Ruhe. Sie tut schlicht und einfach, was notwendig ist.

Auch ich kann bei allem Gedränge immer wieder innehalten, mich meines Auftrags vergewissern, in meinem Inneren erspüren, dass alles, was ich tue, aus der

Weisung und der Kraft Gottes geschieht. Und da wird dann schon das Geheimnis von Weihnachten erfahren: Mitten in unsere Zeit und unsere Bedrängnis ist Ewiges eingetreten, in all unsere Auseinandersetzungen und Streitigkeiten sind Friede und Liebe gekommen.

12

12

Gott wird Mensch – das bedeutet:
Seinem Geheimnis kann ich auch im
anderen Menschen begegnen.

12

Ich kann versuchen, auch vor einem anderen Menschen für einen Moment still zu werden. Was immer er sagt und tut, wie immer er ausschaut und auf mich wirkt – in seiner inneren Tiefe ist die Liebe Gottes anwesend. Vielleicht wird dann das Gespräch leichter. Vielleicht kann ich ihn liebevoller anblicken.

12

Seit Weihnachten schulden wir Menschen einander eine große Ehrfurcht. Vor dem Ewigen im anderen Menschen sollten wir uns mit einem stillen Gruß verneigen. Dann kann auch bei aller Nervosität und Gereiztheit solcher Tage ein tieferes Einverständnis mit anderen aufbrechen.

Zwei Momente der Stille können meinen Tag verwandeln. Der Augenblick, in dem ich des Ewigen in mir selber – und der Augenblick, in dem ich des Ewigen in einem Mitmenschen gewahr werde. Es ist ein leises Berühren des Weihnachtsgeheimnisses.

Bibliografische Information der Deutschen Nationalbibliothek
Die Deutsche Nationalbibliothek verzeichnet diese
Publikation in der Deutschen Nationalbibliografie;
detaillierte bibliografische Daten sind im Internet über
http://dnb.d-nb.de abrufbar.

Dieses Heft gehört zum Adventskalender:
Zeit der Hoffnung
24 Bücher im Advent 2013
Anselm Grün, Odilo Lechner, Katharina Schridde, Reinhard Körner
ISBN 978-3-7462-3796-1

Besuchen Sie uns im Internet:
www.st-benno.de

Umschlag und Gestaltung: Ulrike Vetter, Leipzig
Gesamtherstellung: Arnold & Domnick, Leipzig (A)

benno

Sr. Katharina Schridde

Habt Geduld!

13

„Ach, dass du den Himmel
zerrissest und führest herab!“
So verzweifelt, so drängend
sprechen Menschen, die ihrem,
ihrer Geliebten ganz nahe
sind und sich verzehren vor
Sehnsucht. Es ist eine ungeheure
Anstrengung, diese Spannung
auszuhalten. Eine Spannung,
in der wir leben, seit Christus
erschienen und die Welt
ganz offensichtlich doch
nicht erlöst ist.

13

13

Wie schmal ist der
Grat, zwischen dem
Tun und dem
Warten, zwischen
der Versuchung,
die Dinge selbst in
die Hand zu
nehmen, und
einer Haltung
des Hörens und
Wartens, bis es
wirklich wächst –
das große Gottes-
reich oder auch
nur die Lösung der
eigenen Probleme
im eigenen Leben.
Es ist manchmal
schwer, die Distanz
zwischen Ahnung
und Wirklichkeit
auszuhalten.

13

So seid nun
geduldig, liebe
Brüder, bis zum
Kommen des
Herrn. Siehe,
der Bauer
wartet auf die
kostbare Frucht
der Erde und ist
dabei geduldig,
bis sie empfange
den Frühregen
und Spätregen.
Seid auch ihr
geduldig und
stärkt eure
Herzen; denn
das Kommen
des Herrn ist
nahe.

Jak 5,7–8

Dreimal lesen wir das Wort „Geduld“, das unserem menschlich gefährlichen Drang des Sofort-alles-Selbermachen entgegensteht, das manchmal fast wie ein „Antwort“ klingt.

Was ist das für ein Wort, Geduld?
Wo kommt es her? Es kommt nicht von „dulden“, dieses Verb wurde erst später von dem Substantiv abgeleitet.

Das Wort bedeutet etwa: Aushalten. Ertragen. Drunterbleiben. Drunterbleiben. Unter einer Weisung, dem Auftrag, unter der Verheißung bleiben, auch wenn sich ihre Verwirklichung noch so lange verzögert. Sogar, wenn mir selbst dadurch Nachteile entstehen.

13

Dabei ist Geduld vom Sinn her keineswegs still und fraglos, nicht unterwürfig und knechtend. Im Gegenteil: Geduld kann voller Aufbegehren, Zorn und Verzweiflung sein – aber sie umarmt immer das „Trotzdem“, das höher ist als alle Vernunft und tiefer als alle Weisheit. Trotzdem bleiben wir bei Dir, HERR, denn Du hast Worte des ewigen Lebens.

13

So sagen es die Jünger zu Jesus, obwohl so vieles gegen diesen „unteren Weg“ spricht. Da gibt es nichts zu beschönigen – Geduld zu haben, ist eine Zumutung, wenn Rettung Not tut.

Und als die Zeit erfüllt war, da
sandte ER IHN, seinen Sohn,
den so sehr Erwarteten.
In dieser Kraft – lasst uns
warten in Geduld.

Bibliografische Information der Deutschen Nationalbibliothek
Die Deutsche Nationalbibliothek verzeichnet diese
Publikation in der Deutschen Nationalbibliografie;
detaillierte bibliografische Daten sind im Internet über
http://dnb.d-nb.de abrufbar.

Dieses Heft gehört zum Adventskalender:
Zeit der Hoffnung
24 Bücher im Advent 2013
Anselm Grün, Odilo Lechner, Katharina Schridde, Reinhard Körner
ISBN 978-3-7462-3796-1

Besuchen Sie uns im Internet:
www.st-benno.de

Umschlag und Gestaltung: Ulrike Vetter, Leipzig
Gesamtherstellung: Arnold & Domnick, Leipzig (A)

benno

Sr. Katharina Schridde

Eine leise Berührung

14

14

Die Geschichte von der Verheißung der Geburt Jesu (Lk 1,26–38) enthält ein Geheimnis. Nicht nur, weil es überhaupt von einem Geheimnis kündet, nämlich der Menschwerdung Gottes im Schoß einer Frau. Sondern es erzählt die Geschichte auch noch weiter in einer Weise, die für uns alle eben unhörbar war. Da heißt es ja: „Der Engel kam zu ihr hinein und sprach: Sei gegrüßt, du Begnadete, der Herr ist mir dir!“

Und dann geht es hier weiter. Sie aber erschrak über den Gruß – was ja auch verständlich ist. In anderen Übersetzungen ist hier aber noch ein kleiner Satz eingefügt, den Luther gar nicht übersetzt hat. Der heißt: „Der Herr ist mit dir – du Gesegnete unter den Frauen!“

14

14

Du Gesegnete unter den Frauen. So jedenfalls ist es im lateinischen Text und in manchen griechischen Übersetzungen zu lesen. Du Gesegnete unter den Frauen.
Warum also schreiben manche Übersetzer diesen Satz hin und andere nicht? Warum steht er in einigen griechischen Ausgaben, in anderen nicht?
Und wenn er später hinzugefügt worden ist – warum?

14

Wir müssten den Engel selbst fragen,
ob er das gesagt hat oder nicht.

Das habe ich getan und er hat geantwortet: Diesen Satz habe ich sehr wohl gesagt – aber erst später. Erst als Maria ihr „Ja“ schon gesagt hat. Erst nachdem ich eigentlich schon wieder weg war und Maria plötzlich anfing zu zweifeln. Erst als sie Angst hatte vor dem Gerede der Nachbarn und sich gar nicht mehr so sicher war, ob sie dem, was da verkündet worden war, noch glauben konnte. Da bin ich noch einmal zurückgekommen und habe ihr bestätigt, dass sie wirklich die Gesegnete ist.

14

14

Und seitdem immer wieder einmal – gerade dann, wenn es so fraglich ist, so unsicher, so unglaublich erscheint, dass dieser Gott wirklich mit den Menschenkindern ist – da bin ich noch einmal wiedergekommen und habe sie noch einmal gesegnet. So also sprach der Engel zu uns heute beim Abendessen – in der Bibel steht es so nicht, aber vielleicht ist es trotzdem nicht ganz falsch.

Ich kann mir jedenfalls vorstellen, dass uns der Engel immer wieder einmal leise berührt, gerade wenn wir nicht mehr ganz sicher sind, und uns leise zuflüstert:
Gesegnet bist du unter den Frauen.
Gesegnet bis du unter den Männern.
Vielleicht berührt er uns heute.

Bibliografische Information der Deutschen Nationalbibliothek
Die Deutsche Nationalbibliothek verzeichnet diese Publikation in der Deutschen Nationalbibliografie; detaillierte bibliografische Daten sind im Internet über http://dnb.d-nb.de abrufbar.

Dieses Heft gehört zum Adventskalender:
Zeit der Hoffnung
24 Bücher im Advent 2013
Anselm Grün, Odilo Lechner, Katharina Schridde, Reinhard Körner
ISBN 978-3-7462-3796-1

Besuchen Sie uns im Internet:
www.st-benno.de

Umschlag und Gestaltung: Ulrike Vetter, Leipzig
Gesamtherstellung: Arnold & Domnick, Leipzig (A)

benno

Sr. Katharina Schridde
Gottes-
wirklichkeit
15

15

Ein Menschheitstraum, mehr noch als der vom Fliegen. Der Menschen Traum, ein Gott, der Gott gar, möge doch sichtbar erscheinen in dieser Welt, möge uns doch retten, am besten vor uns selbst, und uns die Welt zu Füßen legen, unverwundbar, so dass nicht einmal wir sie zerstören können. Sondern auf ihr unbedarft spielen können wie die Kinder. Ein Menschheitstraum?

15

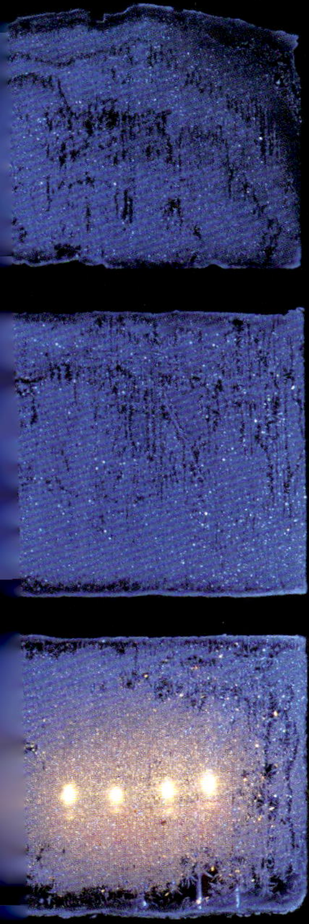

Gottes Traum, den
Menschen, den
Geliebten so nah
sein wie nur
Liebende es
können, wohnend
ineinander,
einander zum DU
werdend, miteinan-
der diese Welt, die
schöne, genießend
mit Leib und Seele
und allen Sinnen.
Mit seinen Men-
schen, den Gelieb-
ten, und nicht nur
den Kindern Liebe
werden und
Gerechtigkeit –
wie im Himmel
so auf Erden.

Menschenwirklichkeit: Ersehnt, geglaubt, geboren – und getötet zuletzt. Wir Menschen ertragen unseren Gott so schwer, diesen liebenden Gott, der gar nichts von

uns will, als dass wir ihn widerlieben. Wir ertragen die Liebe Gottes so schwer – zerstören lieber uns selbst und unsere Welt, als dass wir leben würden in seiner Liebe.

15

Hätten wir doch lieber einen jähzornigen, rachsüchtigen und vernichtenden Gott? Würden ihm mehr gehorchen?

15

Gotteswirklichkeit: Gottes Liebe ist größer als sein Entsetzen. Seine Liebe gibt nicht auf, auch wenn es schier nicht mit anzusehen ist am Kreuz. Gottes Liebe gibt doch auf, wartet nicht mehr auf Gegenliebe, liebt trotzdem, und wenn es sein muss ins Leere.

Gotteswirklichkeit ist die Liebe; wir ertragen es oder nicht, einen anderen Gott haben wir nicht. Diese Liebe wird Fleisch, ist Mensch geworden in Jesus Christus. Gottes Liebe kann nicht sterben, obwohl sie uns Menschen liebt und sich ausliefert.

INRI
15

Und so träumen wir weiter,
Menschentraum und Gottestraum,
und ertragen miteinander unsere
Wirklichkeit – zuweilen liebend.

Bibliografische Information der Deutschen Nationalbibliothek
Die Deutsche Nationalbibliothek verzeichnet diese
Publikation in der Deutschen Nationalbibliografie;
detaillierte bibliografische Daten sind im Internet über
http://dnb.d-nb.de abrufbar.

Dieses Heft gehört zum Adventskalender:
Zeit der Hoffnung
24 Bücher im Advent 2013
Anselm Grün, Odilo Lechner, Katharina Schridde, Reinhard Körner
ISBN 978-3-7462-3796-1

Besuchen Sie uns im Internet:
www.st-benno.de

Umschlag und Gestaltung: Ulrike Vetter, Leipzig
Gesamtherstellung: Arnold & Domnick, Leipzig (A)

benno

Anselm Grün

Gottes Wort im Herzen

In jedem Menschen steckt eine Sehnsucht nach Liebe, die letztlich nur Gott erfüllen kann. Wir werden nie einen Menschen treffen, der uns so lieben kann, dass wir satt sind. Vielmehr wird jede erfahrene Liebe die Sehnsucht nach noch tieferer Liebe wecken.

5

Wir erfahren die Liebe immer als etwas, das uns verzaubert, aber uns oft genug auch verletzt. Wir erfahren Erfüllung und Enttäuschung durch die Liebe. Beides, die Erfüllung und die Enttäuschung, will in uns die Sehnsucht nach einer Liebe wecken, die die menschliche Liebe übersteigt. Es ist letztlich die göttliche Liebe.

Wir können die Liebe zu Gott oft nicht emotional spüren. Die Liebe zu einem Menschen spüren wir im Herzen. Da sind

wir verzaubert. Wir sind kaum einmal richtig in Gott verliebt – obwohl es das bei manchen Mystikern durchaus gibt.

Die Liebe ist die Bereitschaft,
sich auf Gott einzulassen.

Diese Liebe kann wachsen, wenn wir die Worte Gottes in der Bibel lesen. Da tritt uns Gottes Liebe entgegen. Und indem wir diese Worte der Liebe in unser Herz

fallen lassen, kann auch in unserem Herzen Liebe entstehen. Wir sollen die Liebe zu einem Menschen und die Liebe zu Gott nicht zu Gegensätzen machen. Wir alle sehnen uns danach, zu lieben und geliebt zu werden.

Jeder sehnt sich danach, zu lieben und geliebt zu werden. Das Ziel dieser Sehnsucht ist, dass wir die Erfahrung machen, Liebe zu sein. Es gibt solche Augenblicke, in denen wir in uns eine

Quelle der Liebe spüren, die einfach da ist, die zu allem strömt, was ist, zu den Menschen, in unser Zimmer, zu den Pflanzen und Tieren.

Diese Liebe ist göttlich. Wenn wir sie in uns spüren, ist unsere Sehnsucht für einen Augenblick erfüllt.

Bibliografische Information der Deutschen Nationalbibliothek
Die Deutsche Nationalbibliothek verzeichnet diese Publikation in der Deutschen Nationalbibliografie; detaillierte bibliografische Daten sind im Internet über http://dnb.d-nb.de abrufbar.

Dieses Heft gehört zum Adventskalender:
Zeit der Hoffnung
24 Bücher im Advent 2013
Anselm Grün, Odilo Lechner, Katharina Schridde, Reinhard Körner
ISBN 978-3-7462-3796-1

Text aus: Anselm Grün, Gott & die Welt. Antworten auf die Fragen des Lebens © St. Benno-Verlag, Leipzig (Titel der Originalausgabe: Questions and Answers © Karmelitánské nakladatelství s.r.o., Kostelní Vydrí 2007, Czech Republic, www.kna.cz)
Alle Bibeltexte: Einheitsübersetzung der Heiligen Schrift © 1980 Katholische Bibelanstalt, Stuttgart
Fotos: S. 2/3 © Thomas Perkins/Fotolia, S. 4/5 © kaycee/Fotolia, S.6/7 © Wouter Tolenaars/Fotolia, S. 8/9 © Kautz 15/Fotolia, S. 10/11 © Jeanette Dietl/Fotolia, S. 12/13 © TimS/Fotolia, S. 14 © Lukiyanova Natalia/Shutterstock

Besuchen Sie uns im Internet:
www.st-benno.de

Umschlag und Gestaltung: Ulrike Vetter, Leipzig
Gesamtherstellung: Arnold & Domnick, Leipzig (A)

benno

Anselm Grün

Gott heilt uns

Sie brauchen einen Halt und Sie brauchen Stabilität und Kontinuität in Ihrem Leben. Sonst steigt in Ihnen die Angst hoch, Sie könnten innerlich auseinanderfallen und Sie würden Ihre Identität verlieren. ... Die Angst verweist Sie letztlich auf Gott. Nicht das gleichbleibende Leben erfüllt Ihre Sehnsucht nach Sicherheit, sondern Gott, der ein solider und fester Grund ist, auf dem Sie Ihr Lebenshaus aufbauen können.

Wenn Sie mit Ihrer Angst sprechen, können Sie sich von ihr auf Gott verweisen lassen. Sie können Gott die Angst hinhalten und ihm sagen: „Ja, ich habe Angst vor Veränderung. Ich habe Angst,

die Kontrolle über mein Leben zu verlieren. Aber ich muss mein Leben gar nicht kontrollieren. Du passt auf mich auf. Du sorgst für mich. Du schützt mich davor, dass mein Leben zugrunde geht."

6

Gott wird Sie sicher nicht verletzen. Gott ist der Arzt, der unsere Wunden heilt.

Meine Gnade genügt dir;
denn sie erweist ihre Kraft
in der Schwachheit.

2 Kor 12,9

Diese Worte aus dem 2. Korintherbrief befreien uns von dem Leistungsdruck, dass wir alle Schwächen, alle Ängste, alle Empfindlichkeiten loswerden müssen. Wir dürfen wie der hl. Paulus Gott darum bitten, dass er uns befreit von unserer Angst und Empfindlichkeit. Aber wenn wir immer noch darunter leiden, ist das kein Zeichen,

dass Gott uns nicht erhört hat. Vielmehr mutet er uns zu, dass wir uns mit der Angst und Empfindlichkeit aussöhnen und gerade so für Gottes Geist durchlässig werden. Das befreit uns von dem Ego, das immer nur imponieren möchte. Wir kommen in Berührung mit dem wahren Selbst, mit dem innersten Kern, in dem Gott selbst wohnt.

Die Schwäche hindert uns
nicht daran, für Christus
durchlässig zu werden.
Im Gegenteil, sie kann
sogar eine Hilfe sein,
damit wir uns selbst
nicht in den Mittelpunkt
stellen, sondern wirklich
durchlässig sind
für den Geist
Jesu.

6

Christus kann auch durch
unsere Schwäche wirken.

Bibliografische Information der Deutschen Nationalbibliothek
Die Deutsche Nationalbibliothek verzeichnet diese Publikation in der Deutschen Nationalbibliografie; detaillierte bibliografische Daten sind im Internet über http://dnb.d-nb.de abrufbar.

Dieses Heft gehört zum Adventskalender:
Zeit der Hoffnung
24 Bücher im Advent 2013
Anselm Grün, Odilo Lechner, Katharina Schridde, Reinhard Körner
ISBN 978-3-7462-3796-1

Besuchen Sie uns im Internet:
www.st-benno.de

Umschlag und Gestaltung: Ulrike Vetter, Leipzig
Gesamtherstellung: Arnold & Domnick, Leipzig (A)

benno

Odilo Lechner

Beschenkt werden

7

7

Für mich als Kind waren Nikolaustag und Weihnachten etwas Schönes, weil es Geschenke gab. Kinder lassen sich gerne beschenken. Wenn meine Lieblingstante zu Besuch kam, lief ich ihr – zum Entsetzen meiner Mutter – freudig entgegen und fragte: „Was hast du mir heute mitgebracht?"

Für Erwachsene ist das oft schwieriger. Von manchem selbstbewussten Mann hörte ich schon: „Ich will nichts geschenkt haben.“ Bei manchem Geschenk denken wir nach, was der andere dafür ausgegeben hat und was wir ihm wohl dafür geben müssten. Viele machen sich in diesen Tagen Sorgen, welche Weihnachtsgeschenke jeweils die richtigen sind, und ob wir niemanden dabei vergessen.

Vielleicht kann uns aufgehen, dass das wahrhaft Große und Schöne immer Geschenk ist: Dass wir atmen und dadurch leben, dass die Natur uns vielfältig ernährt und erfreut,

dass andere Menschen an uns denken, uns grüßen, aufmerksam sind auf das, was wir brauchen. Es sind Geschenke, die man nicht kaufen kann und die doch kostbar sind.

7

Heutzutage ist vor allem die Zeit, die wir einander widmen, ein Geschenk.

7

Wir dürfen Geschenke einfach und dankbar annehmen, ohne nachzurechnen oder uns Sorgen zu machen über unsere Gegenleistung. Oft ist es auch ein schönes Geschenk, wenn wir dem anderen zeigen, welche Freude und Dankbarkeit wir über seine Zuwendung, über sein Geschenk empfinden.

7

Durch das Schenken leuchtet mitten in der verwalteten und verplanten Welt ein

Glanz von Freiheit und Großzügigkeit auf. Geschenke sind ganz umsonst.

Das Wort „umsonst“ hat freilich einen doppelten Klang. Es klingt schrecklich, wenn wir von einer Arbeit oder einem Einsatz sagen: es war alles umsonst. Es klingt befreiend und erleichternd, wenn wir etwas umsonst empfangen und ebenso wenn wir etwas umsonst weggeben, ohne einen Anspruch auf Gegenleistung zu erheben. Das hat der Herr seinen Jüngern bei der Aussendung anempfohlen: „Umsonst habt ihr empfangen, umsonst sollt ihr geben“ (Mt 10,8).

Bibliografische Information der Deutschen Nationalbibliothek
Die Deutsche Nationalbibliothek verzeichnet diese Publikation in der Deutschen Nationalbibliografie; detaillierte bibliografische Daten sind im Internet über http://dnb.d-nb.de abrufbar.

Dieses Heft gehört zum Adventskalender:
Zeit der Hoffnung
24 Bücher im Advent 2013
Anselm Grün, Odilo Lechner, Katharina Schridde, Reinhard Körner
ISBN 978-3-7462-3796-1

Besuchen Sie uns im Internet:
www.st-benno.de

Umschlag und Gestaltung: Ulrike Vetter, Leipzig
Gesamtherstellung: Arnold & Domnick, Leipzig (A)

benno

Odilo Lechner

Maria Immaculata

8

„Ave Maria klare,
du lichter Morgenstern!
Du bist ein Freud fürwahre
des Himmels und der Erd,
erwählt von Ewigkeit,
zu sein die Muttergottes
zum Trost der Christenheit.
Ohn Sünd bist du empfangen,
wie dich die Kirche ehrt,
bist von der falschen Schlangen
geblieben unversehrt.“

So lautet ein in Olmütz entstandenes, altes Lied.

8

Das Fest des 8. Dezembers (also neun Monate vor dem Fest Mariä Geburt am 8. September) lässt uns den Sinn der ganzen Menschheitsgeschichte erahnen. Da gibt es großartige Entwicklungen und Fortschritte, aber ebenso Abbrüche und Katastrophen, Elend und Entsetzen. Viele Menschen verzweifeln an einem Sinn ihres Lebens und der ganzen Geschichte.

8

Im Advent blicken wir auf den neuen Anfang schlechthin, die Menschwerdung Gottes. Gott wirkt in Christus die Befreiung aus der Todverfallenheit des Menschen. Aber diese Befreiung ist nicht eine äußere Machttat, sondern ist hineingesenkt in die Freiheitsgeschichte des Menschen.

8

Aus freien Stücken wird der
Gottmensch sein Leben hingeben.

Auch sein Eintreten in die Menschheitsgeschichte soll nicht gegen den Willen des Menschen geschehen. Der Mensch, aus dem er Fleisch annimmt, soll ein freies Ja sagen. Unser Ja ist immer angekränkelt durch die vielen negativen Einflüsse der

Gesellschaft, durch die vielen Fehlentscheidungen der Geschichte. Das ist die falsche Schlange, die nach dem Bild der Paradieseserzählung dem Menschen suggeriert, er könne selbst über Gut und Böse verfügen, er sei sein eigener Gott.

Maria blieb von der „falschen Schlange“ bewahrt. Sie sollte ein von aller Negation freies Ja zum Liebeswerk Gottes sagen können. In diese Freiheit wird sie hineingeboren. Darum wird sie vom Engel als Begnadete begrüßt.

8

Mitten in der Unheils- und Verfallsgeschichte der Menschen geschieht da ein neuer Anfang. Das freie Ja zum Erlösungswillen Gottes wird in Maria vorbereitet. An Maria sehen wir, dass in aller Verfallsgeschichte ein neuer Anfang ermöglicht wird. Ein Anfang, der auch uns durch Christus geschenkt wird.

Bibliografische Information der Deutschen Nationalbibliothek
Die Deutsche Nationalbibliothek verzeichnet diese Publikation in der Deutschen Nationalbibliografie; detaillierte bibliografische Daten sind im Internet über http://dnb.d-nb.de abrufbar.

Dieses Heft gehört zum Adventskalender:
Zeit der Hoffnung
24 Bücher im Advent 2013
Anselm Grün, Odilo Lechner, Katharina Schridde, Reinhard Körner
ISBN 978-3-7462-3796-1

Besuchen Sie uns im Internet:
www.st-benno.de

Umschlag und Gestaltung: Ulrike Vetter, Leipzig
Gesamtherstellung: Arnold & Domnick, Leipzig (A)

benno

Odilo Lechner

Maria, Magd des Herrn

Ich bin die Magd des Herrn. Mir geschehe, wie du es gesagt hast.

Lk 1,38

Selig ist die, die geglaubt hat, dass sich erfüllt, was der Herr ihr sagen ließ.

Lk 1,45

9

Marias Antwort auf den Anruf des Engels, Elisabeths Zuruf an Maria künden von dem wunderbaren Ja zu Gottes Heilsratschluss. Auch wenn Maria begnadet ist vom Anfang ihres Daseins und frei ist von der Verkettung in Schuld und zwanghaft Bösem, so ist dieses Ja kein einfaches, unüberlegtes und leichtes. Es ist ein nachdenkliches, überlegendes und trotz aller Begnadung schwieriges.

9

9

Gottes Verheißung
übersteigt die
menschlichen
Möglichkeiten.
Auch den Jüngern
wird später von
Jesus gesagt: „Für
Menschen ist das
unmöglich, für
Gott aber ist
alles möglich“
(Mt 19,26). Das ist
immer wieder die
große Herausforde-
rung an den
Glauben Marias.

9

Vieles kann Maria nicht verstehen,
aber sie bewahrt alles in ihrem
Herzen und denkt darüber nach.

Schließlich muss Maria erleben, wie sich Jesus ganz seiner Familie entzieht, um allein für seine Sendung zu leben. Als die vielen Leute, die sich um Jesus drängen, ihm mitteilen, dass Maria ihn sehen will, muss sie hören:

Wer ist meine Mutter und wer sind meine Brüder? ... Das hier sind meine Mutter und meine Brüder. Wer den Willen Gottes erfüllt, der ist für mich Bruder und Schwester und Mutter.

Mk 3,33–35

9

Das Ja zum Willen Gottes ist für Maria immer wieder ein schmerzliches, ein Aufgeben der eigenen Wünsche und Vorstellungen bis hin zum Kreuz, wo sie von nun an in einem der Jünger den Sohn sehen soll (Joh 19,26).

Auch das ist eine adventliche Aufgabe: Den Verheißungen Gottes vertrauen, auch wenn dabei die eigenen Vorstellungen, die durch sie in uns geweckt wurden, nicht in Erfüllung gehen.

Bibliografische Information der Deutschen Nationalbibliothek
Die Deutsche Nationalbibliothek verzeichnet diese Publikation in der Deutschen Nationalbibliografie; detaillierte bibliografische Daten sind im Internet über http://dnb.d-nb.de abrufbar.

Dieses Heft gehört zum Adventskalender:
Zeit der Hoffnung
24 Bücher im Advent 2013
Anselm Grün, Odilo Lechner, Katharina Schridde, Reinhard Körner
ISBN 978-3-7462-3796-1

Besuchen Sie uns im Internet:
www.st-benno.de

Umschlag und Gestaltung: Ulrike Vetter, Leipzig
Gesamtherstellung: Arnold & Domnick, Leipzig (A)

benno

Reinhard Körner

Gott ist die Liebe

21

Wir haben die Liebe, die Gott zu uns hat, erkannt und gläubig angenommen. Gott ist die Liebe, und wer in der Liebe bleibt, bleibt in Gott und Gott bleibt in ihm.

1 Joh 4,16

Welche Freude muss es für dich gewesen sein, Jesus, als an einem Hochfest deiner Geburt, am 25. Dezember 2005, ein Papst eine Enzyklika unterzeichnete, die mit genau dem Bibelwort beginnt (1 Joh 4,8.16), das dein „Evangelium Gottes“ zusammenfasst: „Gott ist die Liebe.“ Und wie glücklich musst du sein, dass es darin heißt: „In diesen Worten aus dem Ersten Johannesbrief ist die Mitte des christlichen Glaubens, das christliche Gottesbild und auch das daraus folgende Bild des Menschen und seines Weges in einzigartiger Klarheit ausgesprochen“. Ein solches Geburtstagsgeschenk, Jesus, hat dir meines Wissens noch nie ein Papst gemacht in der langen Geschichte der Christenheit.

21

„Gott ist die Liebe“ – das ist, wie die Theologensprache es ausdrückt, die „Spitzenaussage der Bibel“. Und diese Liebe ist alles andere als ein kuscheliges Ruhekissen: Sie ist eine Herausforderung für uns Menschen, wie sie größer nicht vorstellbar ist! Denn sie will beantwortet und mit Gott mitgelebt sein. „Das Herz Gottes ist Liebe – und nichts außer dem“, schreibt Eugen Biser, und er fügt hinzu: „Das aber ist kein Gott, der alles hinnimmt und auf sich beruhen lässt, sondern der Gott der denkbar größten Herausforderung, der vom Menschen das erwartet, was er ihm gibt: Liebe aus ganzem Herzen, ganzem Gemüt, ganzer Geistes- und Wesenskraft.“

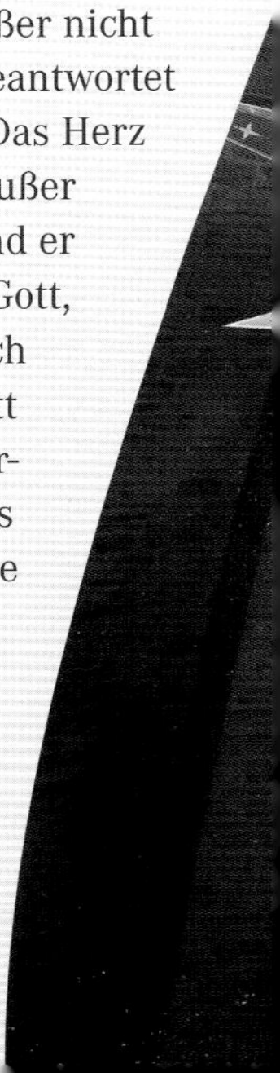

21

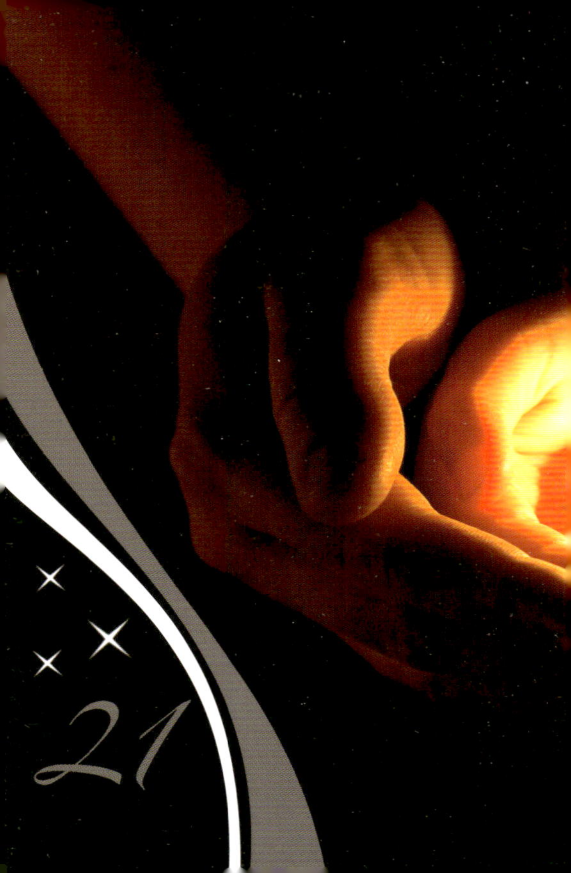
21

Das Herz Gottes ist Liebe –
und nichts außer dem.

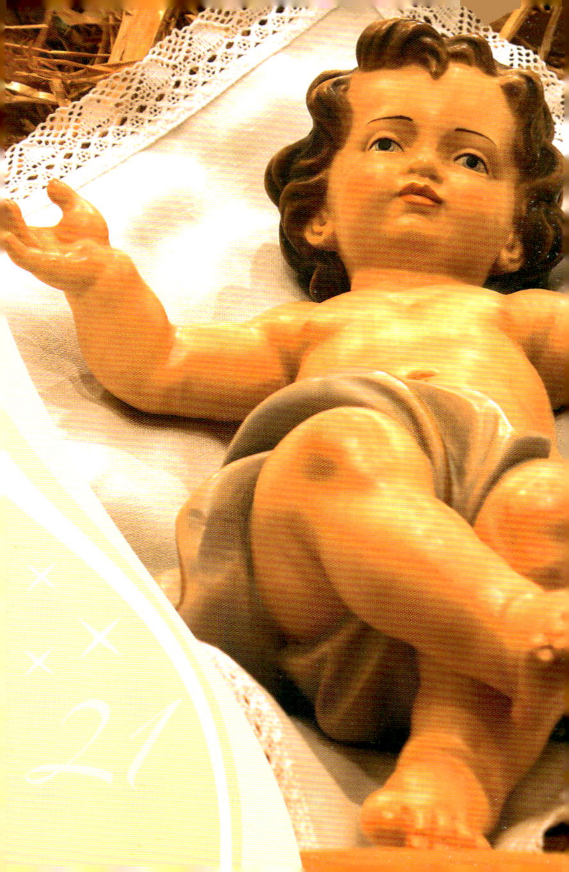
21

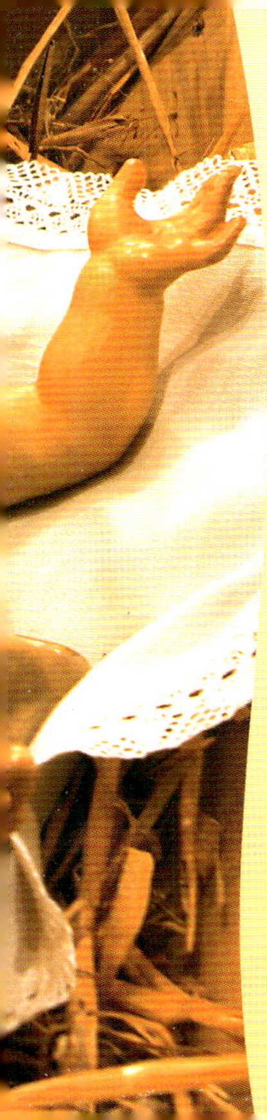

Wir Christen müssen endlich, nach 2000 Jahren, mit Jesus gleichziehen! Wir müssen mit ihm das ambivalente Gottesbild – die Vorstellung, Gott sei der einerseits Liebende und Gütige, andererseits aber der Strafende und Rächende – überwinden und seinen *Abba-Jahwe*, den *Gott der absoluten Liebe*, zur Mitte unseres Glaubenslebens machen. Vor allem die Rede von einem strafenden und rächenden Gott widerspricht, selbst wo sie sich auf die Bibel berufen kann, zutiefst der „Mitte des christlichen Glaubens“.

Diesem Gottesbild, das sich so verheerend auf das Menschenbild auswirkt, ja auf die Menschenseele selbst und auf das Zusammenleben in der Menschheitsfamilie, hat Jesus den Gott der Liebe entgegengestellt. Der Gott Jesu regiert nicht mit Drohung und Strafe. Sein *Abba-Jahwe* ist weder der bedrohliche Weltendespot noch ein „Kuschel-Gott“. Er ist der Gott der Liebe, höchster Liebe.

21

Der Glaube, das Innewerden der Liebe Gottes, erzeugt seinerseits die Liebe. Sie ist das Licht – letztlich das einzige –, das eine dunkle Welt immer wieder erhellt und uns den Mut zum Leben und zum Handeln gibt. Die Liebe ist möglich, und wir können sie tun, weil wir nach Gottes Bild geschaffen sind.

Benedikt XVI. (Enzyklika Deus caritas est)

Bibliografische Information der Deutschen Nationalbibliothek
Die Deutsche Nationalbibliothek verzeichnet diese Publikation in der Deutschen Nationalbibliografie; detaillierte bibliografische Daten sind im Internet über http://dnb.d-nb.de abrufbar.

Dieses Heft gehört zum Adventskalender:
Zeit der Hoffnung
24 Bücher im Advent 2013
Anselm Grün, Odilo Lechner, Katharina Schridde, Reinhard Körner
ISBN 978-3-7462-3796-1

Besuchen Sie uns im Internet:
www.st-benno.de

Umschlag und Gestaltung: Ulrike Vetter, Leipzig
Gesamtherstellung: Arnold & Domnick, Leipzig (A)

benno

Reinhard Körner

Mit dem Herzen wissen

22

22

ich glaube
mit den ersten
Christen
an Jesus den
Messias
den Christus
deinen
eingeborenen Sohn,
unsern Herrn

ich glaube wie sie
dass er
der dich vorlebte wie keiner sonst
um dich und deine Wirklichkeit wusste
wie wahrlich ein „Eingeborener“ nur
um dich wissen kann
und würdest du Gott als Mensch
vor uns stehen
– er wäre der einzige
der dich repräsentierte

ich glaube
dass dieser Jesus
„Sohn Gottes“ ist im tiefsten Sinne:
dass er zu dir gehört
immer schon und für immer
und dass er „Herr“ ist und Gott
wie du
und mit dir

das „weiß“ ich ohne zu wissen wie ich es
weiß
und würde fromm lügen würde ich sagen:
ich weiß es wie man weiß
dass zwei plus zwei vier ist ...

ich „weiß“ es in meinem Herzen

22

22

ohne es mir
geschweige denn anderen
erklären zu können
– wie es allen erging
und ergeht
die an ihn glauben
und suchen sie nach Worten
so finden sie keine
und bekennen wie Paulus
ohne „Begründung“:
„Als aber die Zeit erfüllt war,
sandte Gott seinen Sohn,
geboren von einer Frau
und dem Gesetz unterstellt ...“
(Gal 4,4)

oder stammeln in Bildern am ehesten noch
wie Matthäus und Lukas
am Ende ihres Jahrhunderts dass er

empfangen (ist) vom Heiligen Geist,
geboren von der
Jungfrau Maria

– Bilder die sagen:
er kommt von dir
er ist nicht nur die „große Gestalt
der Religionsgeschichte“
oder ein Prophet vielleicht
der es so weit gebracht hat
wie kein Gottesmann vor ihm
dich zu erkennen
und „was die Welt im
Innersten zusammenhält“

22

nein – diese Bilder sagen:
du Gott selber
bist hier aktiv geworden
in unser menschliches Dasein hinein
mit ihm
in ihm
durch ihn
den Juden Jeshua
aus dem unscheinbaren Nazaret

Bibliografische Information der Deutschen Nationalbibliothek
Die Deutsche Nationalbibliothek verzeichnet diese Publikation in der Deutschen Nationalbibliografie; detaillierte bibliografische Daten sind im Internet über http://dnb.d-nb.de abrufbar.

Dieses Heft gehört zum Adventskalender:
Zeit der Hoffnung
24 Bücher im Advent 2013
Anselm Grün, Odilo Lechner, Katharina Schridde, Reinhard Körner
ISBN 978-3-7462-3796-1

Besuchen Sie uns im Internet:
www.st-benno.de

Umschlag und Gestaltung: Ulrike Vetter, Leipzig
Gesamtherstellung: Arnold & Domnick, Leipzig (A)

benno

Reinhard Körner

Gott und Mensch

23

er ist dein „Sohn“
und du bist sein „Vater“
in tiefstem Sinne

23

wofür die
stammelnde
Sprache späterer
Theologen
die Worte fand:
„... wahrer Gott
vom wahren Gott,
eines Wesens mit
dem Vater ...“
das traue ich dir zu
dir dem *Abba* und
deinem einzigar-
tigen Sohn

23

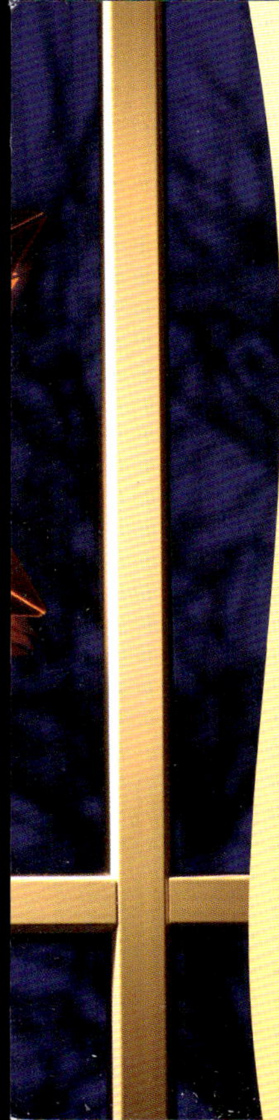

und geringer
können Verstand und
räsonierende
Vernunft in mir
von euch nicht
mehr denken
das glaube ich
das „weiß“ ich
ohne zu wissen
wie ich es weiß ...

das ist mir Ge-Wiss-heit geworden
23

23

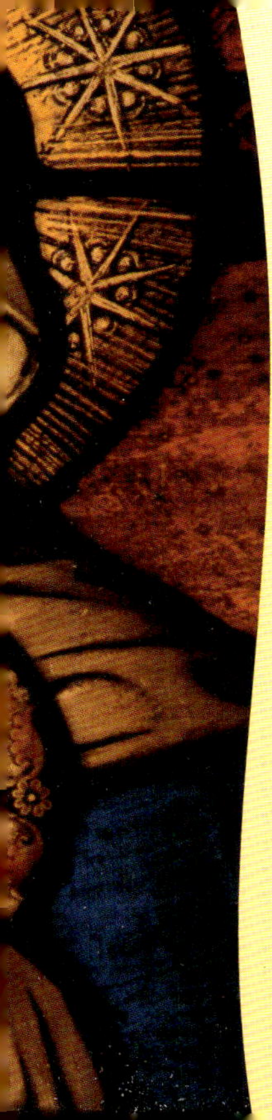

und die alte Frage
die heute wieder viele
Christen bewegt
ob dieser dein „Sohn“
als Sohn Marias und
Josefs (wie es die Texte
der Evangelien –
in ihrer Bildsprache ernst
genommen – nahelegen)
oder „biologisch“-
jungfräulich (wie die
Christenheit als ganze
wohl erst im dritten
Jahrhundert zu
glauben begann)
ein Mensch unter uns
Menschen wurde
ist meinem Glauben
sehr unwichtig geworden

23

... in meinem
Herzen
und mit meinem
Verstand
traue ich dir Gott
freilich
eher den göttliche-
ren Weg zu:
den ganz und gar
menschlichen Weg
um Mensch zu
werden
ein Mensch „in
allem uns gleich,
außer der Sünde“
(Konzil von
Chalkedon, 451)

ich glaube an Jesus
den Sohn Gottes
ich glaube zu ihm hin
ich glaube ihn an
ich glaube an dich
Jesus
du Christus ...

Bibliografische Information der Deutschen Nationalbibliothek
Die Deutsche Nationalbibliothek verzeichnet diese
Publikation in der Deutschen Nationalbibliografie;
detaillierte bibliografische Daten sind im Internet über
http://dnb.d-nb.de abrufbar.

Dieses Heft gehört zum Adventskalender:
Zeit der Hoffnung
24 Bücher im Advent 2013
Anselm Grün, Odilo Lechner, Katharina Schridde, Reinhard Körner
ISBN 978-3-7462-3796-1

Besuchen Sie uns im Internet:
www.st-benno.de

Umschlag und Gestaltung: Ulrike Vetter, Leipzig
Gesamtherstellung: Arnold & Domnick, Leipzig (A)

benno

Reinhard Körner

Jesus, komm!

Als sie dort waren, kam
für Maria die Zeit ihrer
Niederkunft, und sie
gebar ihren Sohn, den
Erstgeborenen. Sie
wickelte ihn in Windeln
und legte ihn in eine
Krippe, weil in der
Herberge kein Platz
für sie war.

Lk 2,6–7

Wer beim „Jesulein in der Krippe“ nicht stehen bleibt und die Evangelien, aus denen an Weihnachten das „Vorwort“ verkündet wurde, nach Weihnachten weiterliest, der wird einem *Fremden* begegnen, einem Jesus, der nicht in allem

dem Gewohnten und Vertrauten entspricht; der mit seinen Ansichten und Handlungsweisen nicht so ganz in die heutige Welt passt – und auch nicht so ganz in die Kirche.

24

24

So ist das „Hochfest der Geburt des Herrn“ also auch die Gelegenheit, bei der Gratulation eine Einladung auszusprechen: Du göttlicher Freund, du Fremder aus Nazaret, komm in meine Stube, setz dich zu mir und erzähl mir von dir! Ich will dir zuhören, auch wenn das, was du sagst, meine Meinung nicht immer bestätigt; auch wenn du mir das Bild, das ich von dir und deinem Gott habe, aus meinem so schön vergoldeten Bilderrahmen nimmst.

24

Du göttlicher Freund, komm in meine Stube!

Ich stelle mir vor:
Er, der Geburtstag
hat, der fremde
Freund aus
Nazaret, wird auf
meine Einladung
antworten: Willst
du wirklich, dass
ich dir von mir
erzähle? Und wirst
du zu Hause sein,
wenn ich komme?

24

In jener Gegend lagerten Hirten auf freiem Feld und hielten Nachtwache bei ihrer Herde. Da trat der Engel des Herrn zu ihnen und der Glanz des Herrn umstrahlte sie.
Sie fürchteten sich sehr, der Engel aber sagte zu ihnen: Fürchtet euch nicht, denn ich verkünde euch eine große Freude, die dem ganzen Volk zuteil werden soll: Heute ist euch in der Stadt Davids der Retter geboren; er ist der Messias, der Herr.

Lk 2,8–11

Und plötzlich war bei dem Engel ein großes himmlisches Heer, das Gott lobte und sprach: Verherrlicht ist Gott in der Höhe und auf Erden ist Friede bei den Menschen seiner Gnade.

Lk 2,13–14

Bibliografische Information der Deutschen Nationalbibliothek
Die Deutsche Nationalbibliothek verzeichnet diese Publikation in der Deutschen Nationalbibliografie; detaillierte bibliografische Daten sind im Internet über http://dnb.d-nb.de abrufbar.

Dieses Heft gehört zum Adventskalender:
Zeit der Hoffnung
24 Bücher im Advent 2013
Anselm Grün, Odilo Lechner, Katharina Schridde, Reinhard Körner
ISBN 978-3-7462-3796-1

Texte aus: Reinhard Körner, Gott ist auch wer. Meditationen für die Advents- und Weihnachtszeit © St. Benno-Verlag, Leipzig
Alle Bibeltexte: Einheitsübersetzung der Heiligen Schrift © 1980 Katholische Bibelanstalt, Stuttgart
Fotos: S. 2/3 © SIRIPONG JITCHUM/Fotolia, S. 4/5 © Shchipkova Elena/Fotolia, S.6/7 © Stefan Körber/Fotolia, S. 8/9 © lily/Fotolia, S. 10/11 © StudioPortoSabbia/Fotolia, S. 12/13 © Yuriy Kulik/Fotolia, S. 14 © Roman Milert/Fotolia

Besuchen Sie uns im Internet:
www.st-benno.de

Umschlag und Gestaltung: Ulrike Vetter, Leipzig
Gesamtherstellung: Arnold & Domnick, Leipzig (A)

benno